IPBES
An Introduction
for Stakeholders

Axel Paulsch

Copyright: Institute for Biodiversity – Network e.V. 2019, Germany
E-Mail: info@biodiv.de
Internet: http://www.biodiv.de

Author: Dr Axel Paulsch
Translation into Russian: Daria Gettueva

Cover and design by science-digital, Dr Georg Peter, Germany

The preparation of the brochure was part of the project „IPBES capacity building for Eastern Europe and Central Asia" supported by the Federal Agency for Nature Conservation (BfN) by funds of Federal Ministry for the Environment, Nature Conservation and Nuclear Safety (BMU) (support code: 3517801000)

Views expressed in this publication are those of the author and do not necessarily represent those of the BfN

Printed and published by: BoD – Books on Demand, Norderstedt, Germany
ISBN-9783749499250

Contents

Foreword

The present booklet was developed by the German Institute for Biodiversity Network (ibn) as part of a capacity building project by the German Federal Agency for Nature Conservation through funds from the German Federal Ministry for the Environment, Nature Conservation and Nuclear Safety. It wants to provide an introduction to the Intergovernmental Science-Policy Platform on Biodiversity and Ecosystem Services (IPBES) for anybody who is interested in the structure, work and products of this platform. As IPBES is an active body and working permanently, any overview of products and ongoing activities can only reflect the status quo at a given point in time. This edition of the booklet reports on the status of mid 2019, after the 7th plenary session of IPBES.

IPBES – an introduction for stakeholders

What is IPBES?

The Intergovernmental Science-Policy Platform on Biodiversity and Ecosystem Services (IPBES) is the intergovernmental body which assesses the state of biodiversity and of the ecosystem services it provides to society, in response to requests from decision makers. The objective of IPBES is to strengthen the science-policy interface for biodiversity and ecosystem services for the conservation and sustainable use of biodiversity, long-term human well-being and sustainable development. In other words IPBES wants to provide a scientific basis for global environmental decision making in order to allow that decisions are made on the best knowledge available. With this objective IPBES plays a similar role for global environmental agreements as the IPCC plays for the UN Climate Framework Convention.

As the word 'intergovernmental' expresses, IPBES is a body between member states. Nevertheless, to fulfill its tasks, IPBES depends on the work of individual scientists and experts from different disciplines, including natural sciences and social sciences. The reports provided by IPBES try to compile as much knowledge as possible on a given topic, stemming from different knowledge systems as e.g. scientific knowledge and indigenous and local knowledge, published in different sources like peer reviewed literature or grey literature and in different languages.

The working language of IPBES is English, which means that the reports are published in English and only the Summaries for Policy Makers get translated into the six UN languages. All plenary decisions also get translated and during plenary negotiations simultaneous translation is provided. The IPBES webpage is also kept in English.

Why and when was IPBES founded?

At the United Nations Conference on Environment and Development in Rio de Janeiro in 1992 three so-called Rio Conventions were founded: the United Nations Framework Convention on Climate Change (UNFCCC), the United Nations Convention to Combat Desertification (UNCCD) and the Convention on Biological Diversity (CBD). The UNFCCC from the beginning could make use of the independent scientific input provided by the Intergovernmental Panel on Climate Change (IPCC), while UNCCD and CBD did not have such input with respect to biological diversity and services that ecosystems provide. The scientific subsidiaries bodies of these two conventions could not take the role that IPCC has for UNFCCC. Over time, the need to create a comparable body for UNCCD and CBD became more and more urgent. Following discussion at the margins of CBD meetings and led by France, in 2005 the International Mechanism of Scientific Expertise on Biodiversity (IMOSEB) was formed as a kind of discussion forum and to come up with more concrete ideas. In 2007 the United Nations Environmental Programme (UNEP) provided a first concept how a new mechanism called IPBES could look like. Between 2008 and 2010 three multi-stakeholder meetings were held, where governments, scientists and civil society organisations discussed how IPBES could be shaped on the basis of the UNEP concept paper. Finally, it was agreed to found IPBES officially in a meeting split in two parts , 2011 in Nairobi, Kenya, and 2012 in Panama City, Panama. At the Panama meeting in April 2012 the representatives of 90 countries signed the founding statement and IPBES began to exist officially. The main task of IPBES is to assess existing knowledge on biodiversity and ecosystem services and present it in such a way that policy makers can directly use it.

How is IPBES organised?

In order to perform its tasks properly, IPBES needed an agreed way of organising itself and distributing the work load. Therefore, several bodies within IPBES were formed which have different responsibilities.

Plenary

The Plenary is the main decision making body of IPBES. It consists of the representatives of member states (132 as by July 2019). It was agreed that each UN state can become a member of IPBES by declaring its will to join. Membership includes the right to speak in plenary and the right to vote, if voting should become necessary. The plenary works under the consensus principle in matters of substance, which means that in case of different views that matter gets discussed until a compromise is found that is opposed by no member state any more. Only in matters of procedure (e.g. in choosing between several offers to host the secretariat) occasional voting is foreseen. The plenary has several responsibilities:

- it elects the officers for the bodies of IPBES, e.g. for the Bureau and the MEP (see below),

- it decides on the work programme,
- it decides on the rules of procedure
- it allocates the money from the trust fund to the different tasks,
- it approves the products of IPBES before they get officially published.

Since 2012 the plenary of IPBES has met annually. Where the meetings take place is also decided by the plenary. States can offer to host a meeting and the plenary can accept such offers. If now offer is made the plenary takes place at the seat of the secretariat in Bonn, Germany.

The meetings of the plenary are not only open for member state representatives but also for registered observer organisations. These organisations may only speak in plenary when no member state wants to take the floor any more. They have no voting rights and their consensus is not needed.

The European Union was granted a so called enhanced participation as observer. This is not a full membership (as the EU as such is not a state but a regional economic organisation) but it gives the EU the right to speak and reply in turn, and to make text proposals, like member states in plenary. The consensus of the EU in decisions is not needed.

During plenary sessions simultaneous translation of the negotiations into all six UN languages is provided, while the work develops mainly along the English version of draft texts. If additional working sessions for example in the evening are necessary, which regularly is the case, these session take place in English only.

All decisions of the plenary are publicly available and get translated into all six UN languages. They can be accessed under:

https://www.ipbes.net/document-library-categories/decisions

Bureau

The Bureau is the IPBES body that oversees the administrative functions. It consists of 10 people, two from each of the five UN regions (Africa, Asia-Pacific, Latin America and Caribbean, Eastern Europe, Western Europe and Others). Each region nominates one administrative officer and one vice chair, the plenary elects the vice chair of one region as chair of IPBES. It was agreed that the chairmanship rotates among the regions every three years. The first chair of IPBES was Zakri Abdul Hamid from Malaysia for the Asia-Pacific region, the second chair was Sir Robert Watson from the United Kingdom for the Western Europe and Others region(WEOG) and the third chair is Ana Maria Hernandez Salgar from Colombia for Latin America and the Caribbean States (GRULAC). The responsibilities of the Bureau include:

- Addressing requests related to IPBES' programme of work and products that require attention by IPBES between sessions of the Plenary;
- Overseeing communication and outreach activities;
- Reviewing progress in the implementation of decisions of the Plenary, if so directed by the Plenary;
- Monitoring the secretariat's performance;
- Organizing and helping to conduct the sessions of the Plenary;
- Reviewing the observance of IPBES' rules and procedures;
- Reviewing the management of resources and observance of financial rules and reporting thereon to the Plenary;
- Advising the Plenary on coordination between IPBES and other relevant institutions;
- Identifying donors and developing partnership arrangements for the implementation of IPBES' activities.

The Bureau meets regularly, at the margins of plenary sessions as well in the intersessional period as needed. Meetings can be held in person or via electronic communication means.

More information about the Bureau and the current members can be found under:

https://www.ipbes.net/bureau

Multidisciplinary Expert Panel (MEP)

The Multidisciplinary Expert Panel oversees the scientific functions of IPBES. Like the Bureau, it is regionally balanced and consists of five scientists from each UN region. These 25 scientists are joined by the IPBES chair and the four vice chairs. The MEP should be balanced not only under regional aspects, but also in scientific disciplines and gender. Each region has the right to nominate its five MEP members who then get elected into office by the plenary. A term of a MEP member is three years, a re-election is possible. The responsibilities of the MEP include:
- Providing advice to the Plenary on scientific and technical aspects of IPBES' programme of work;
- Providing advice and assistance on technical and/or scientific communication matters;
- Managing IPBES' peer-review process to ensure the highest levels of scientific quality, independence and credibility for all products delivered by IPBES at all stages of the process;

- Engaging the scientific community and other knowledge holders with the work programme, taking into account the need for different disciplines and types of knowledge, gender balance, and effective contribution and participation by experts from developing countries;
- Assuring scientific and technical coordination among structures set up under IPBES and facilitating coordination between IPBES and other related processes to build upon existing efforts;
- Exploring ways and means to bring different knowledge systems, including indigenous knowledge systems, into the science-policy interface.

The MEP meets regularly, at the margins of plenary sessions as well in the intersessional period as needed. Meetings can be held in person or via electronic communication means.

More information about MEP and the current membership can be found under:
https://www.ipbes.net/multidisciplinary-expert-panel

Secretariat

The Secretariat provides the official address of IPBES and forms the office for the day to day work of this multilateral agreement. Through a voting process at the founding plenary in 2012 between the offers of several countries to host the secretariat it was decided that the secretariat would be in Bonn, Germany. It is administered and staffed by UNEP. The secretariat is led by an Executive Secretary, the first and current one being Dr. Anne Larigauderie from France. She and her team are responsible for all logistic aspects of meetings like plenary or MEP/Bureau meetings or meetings of authors teams. They prepare the documents for such meetings, document the discussions and distribute the final documents after the meetings. The secretariat assigns one of its staff for each IPBES product (like e.g. an assessment) or IPBES function (like e.g. capacity building) who helps MEP, Bureau and authors teams to fulfil their respective tasks. Information on who is assigned to which task can be found under:

https://www.ipbes.net/secretariat.

Another task of the secretariat is to inform member states and observer organisations about steps and procedures within IPBES, e.g. issuing calls for nominations for experts or informing on the dates for the review of draft versions of assessment etc.. Furthermore, the secretariat is responsible for informing the public about IPBES products and therefore a communication officer is part of the staff. Keeping the web page of IPBES up to date is also under the responsibility of the secretariat.

The secretariat's staff are the only people in IPBES paid for their work from the trust fund. All other positions like Bureau- or MEP-member or author of an assessment are unpaid (pro bono), meaning the working time has to be donated by the institutions or organisations the respective persons work for.

Task forces

Task forces are time-bound expert groups established by the plenary. They get a specific mandate to fulfil certain tasks in a given time. For example, the second plenary established a task force with the mandate to develop procedures on how to integrate indigenous and local knowledge into the work of IPBES. When the task force had done so, its mandate was extended in order to test the implementation of these procedures. Task forces are based on nominations from member states and organisations and should also be regionally balanced and gender balanced. They are led by MEP members.

Technical Support Units (TSU)

In order to facilitate the work of IPBES the Bureau through the secretariat invited states and organisations to provide so called technical support units (TSU) for certain IPBES products or functions. When, for example, the plenary decided to undertake four parallel regional assessments on biodiversity and ecosystem services, in each of these regions a country offered to host a TSU, e.g. Switzerland hosted the TSU for the assessment of Europe and Central Asia. Or, for example, UNESCO is hosting a TSU for indigenous and local knowledge. The staff of such a TSU is paid by the host country or organisation and the responsibilities include to form a kind of task specific secretariat, arranging meetings, providing background information etc.. TSUs are time bound according to the specific IPBES product they were installed for.

Strategic partnerships

IPBES has recognised that for the fulfilment of its task it might be helpful to cooperate with other existing bodies and that such cooperation can be formalised in partnership agreements. So called collaborative partnerships exist with four bodies under the UN system, namely UNEP, UNDP, UNESCO and FAO. The partnership in-cludes that e.g. the UN bodies can send personnel to work in the IPBES secretariat (paid by the UN body), or to host a Technical Support Unit, like UNESCO does for indigenous and local knowledge, or to engage in a certain IPBES function, as e.g. UNDP does in capacity building.

Partnerships can also be established in the form of a memorandum of coop-eration or of understanding with other Multilateral Environmental Agreements (MEAs). Such memorandums have been agreed with the International Union for the Conservation of Nature (IUCN), the Convention on the Conservation of Migra-tory Species (CMS), the Convention on International Trade in Endangered Species of Wild Fauna and Flora (CITES), the Convention on Biological Diversity (CBD), the Ramsar Convention and the science organisation Future Earth.

For more information see:

https://www.ipbes.net/document-library-categories/agreements

How is IPBES financed?

Although most of the work within IPBES is not paid for by IPBES itself, the agree-ment needs some money, e.g. to hold meetings and pay travel costs, or to produce information material and to pay the secretariat staff. Therefore, a trust fund was es-tablished, which is administered by UNEP. It is a basic principle in IPBES that all con-tributions to the trust fund are on a voluntary basis only. This means that no member state or organisation is forced to pay. There are no 'membership fees' or other finan-cial obligations. This principle was installed in order to allow countries to become members even if they are not in a position to contribute financially to the work of IPBES. On the other hand, IPBES has thus no fixed income but depends entirely on voluntary contributions. In principle, the trust fund can receive contributions from everybody, not only states, but also organisations or the private sector. In order to avoid that certain products can be 'bought', contributions cannot be earmarked for certain tasks or products or given under certain conditions. It is the plenary only who decides (in consensus) to which tasks the trust fund money is allocated.

Of course, IPBES accepts also in-kind contributions, e.g. the offer of a country to host a plenary meeting.

So far, the highest contributions came from developed countries and only about 25 of the 132 member states did contribute at all. Lack of funding has already been a problem leading to the consequence that assessments could not be started as originally foreseen in the work programme.

Where are the basic principles laid down?

In order to guide its own work IPBES like other intergovernmental bodies laid down basic principles, the so called 'Rules of Procedures', where e.g. the roles of the different bodies like Plenary, Bureau, MEP etc. are defined. These rules also define election procedures, the clearance process for IPBES products or the admission of observers. If necessary, the Plenary has the authority to adjust these rules of procedure or add new rules. The current version of these rules can be found under:

https://www.ipbes.net/document-library-categories/policies-and-procedures

What is IPBES actually doing?

The founding plenary of IPBES decided that the work of IPBES should be build around four main functions: assessments, capacity building, knowledge generation and development of policy tools.

Assessments

The most obvious function of IPBES is to provide assessments that compile and analyse all available knowledge under a given topic. This compilation is explicitly not restricted to published scientific knowledge only but should include also indigenous and local knowledge that might not be published in scientific journals. Such assessments can have different scales e.g. regional or global and the topics can be related directly to biodiversity (e.g. pollinators or invasive alien species) or be more methodological, e.g. about the use of scenarios and models in political decision making.

Capacity building

From the very beginning of IPBES is was discussed that not all countries are in the same position to contribute to the work of IPBES, e.g. because the scientific infrastructure, the availability of data and information, the capacity to use policy tools like models and scenarios might vary significantly between countries. Therefore, capacity building was established as one main function of IPBES, whereas IPBES sees its role not in financing capacity building but rather in bundling or guiding existing capacity building programmes and activities to the benefit of countries in need. A Technical Support Unit for capacity building was established.

Knowledge generation

IPBES is aware of the fact that scientific knowledge is permanently growing, while probably each assessment will also reveal knowledge gaps for any given topic. Such knowledge gaps might be of general nature (e.g. missing knowledge about certain ecosystem functions which are not yet understood) or of more local nature (e.g. missing data about a species in a certain area, while data on the same species might exist in another area). IPBES is not a mechanism to directly fund research but the identification of knowledge gaps which have to be filled to answer important questions on biodiversity, ecosystem services and human wellbeing might trigger research funding in that respect.

Policy tools

Policy tools are instruments that can be used to support knowledge based decision making and transform e.g. the findings of an assessment into policies. Such tools might be e.g. models or scenarios that demonstrate which consequences might result from a specific policy in the mid-term or long term. IPBES wants to explain the usefulness of such tools as well as the uncertainties going along with them and wants to help to develop new tools as well.

Work programme

For the first years of its existence, IPBES structured its work along a work programme which started in 2013 and runs until 2019. This work programme was agreed upon by the second plenary session end of 2013 in Antalya and had a set of deliverables to be prepared in a certain time frame.

Where do the topics for a work programme come from? Principally, each organization or state has the right to request IPBES to take up a certain topic. There is a set of criteria for such requests, e.g. one has to explain why this topic is relevant in the context of IPBES, if there is any knowledge available which could be assessed and it should also be clear that there is no other assessment ongoing tackling the same questions. Institutions or organisations also have the right to propose topics, but the most powerful request come from Multilateral Environmental Agreements like the Convention on Biological Diversity (CBD), the UNCCD or the Ramsar Convention. If e.g. the 196 member states of the CBD jointly back a request to IPBES on a topic like the global status of biodiversity it is highly likely that the IPBES plenary which consists of 132 states mainly also members of the CBD will take up such a request.

After a request was received the Bureau and MEP do a preliminary scoping of the topic and if they find it fulfilling the above mentioned criteria they propose it to the plenary for an in-depth scoping. If the plenary agrees, a scoping team is formed to do such in-depth scoping and prepare a scoping report. Such a report already lists the questions an assessment should investigate in detail, outlines the chapters and gives an estimate on the time needed to perform the assessment and the costs involved. Then it is up to the plenary to decide if and when to start the assessment.

At the seventh plenary meeting in May 2019 IPBES member states decided on a second work programme and initiated the work on first elements of this new programme. In contrast to the first work programme they did not yet fix topics for a longer period but agreed on a so called rolling work programme, meaning that there will be subsequent calls for requests for new topics.

Who develops an assessment and how?

The actual work of collection the existing knowledge on a certain assessment topic as well as the writing of the assessment report as such is done by a team of authors. This team is composed building on nominations by IPBES member states and organisations from which the MEP chooses the best candidates. Authors teams should be geographically balanced and with balanced gender, fields of expertise and scientific background. To organize the work of the authors the team is structured into contributing authors (which can be several dozens), some lead authors per chapter, coordinating lead authors and two co-chairs, who try to oversee the whole team. Co-chairs and lead authors are expected to dedicate a main part of their working time to this tasks and therefore can only do so in accordance with the research institute or organisation at which they are employed, especially as all this work for IPBES is unpaid and on honorary basis only. The IPBES trust fund only supports travelling to authors meetings for eligible countries but does not pay scientists for the work on assessments or any other IPBES products.

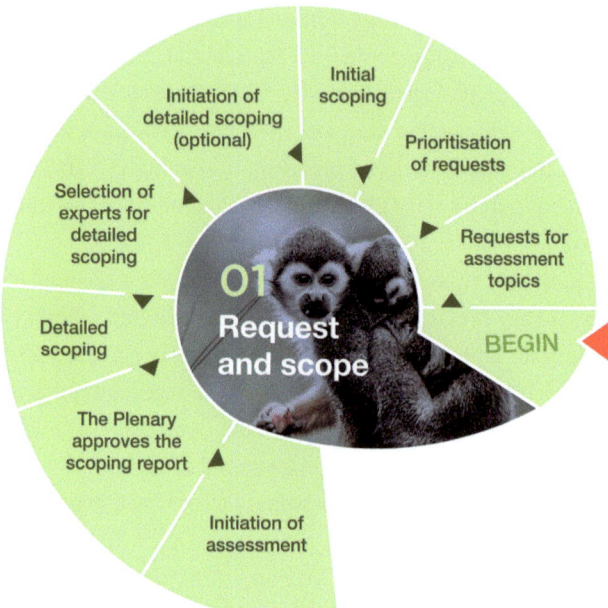

Fig. 1: The Assessment Process: Request and scope (source: https://www.ipbes.net/document-library-categories/assessment-guide)

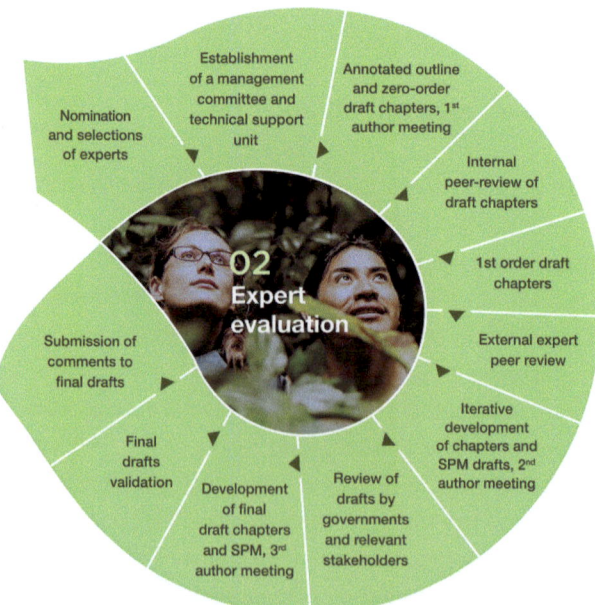

Fig. 2: The Assessment Process: Expert evaluation (source: https://www.ipbes.net/document-library-categories/assessment-guide)

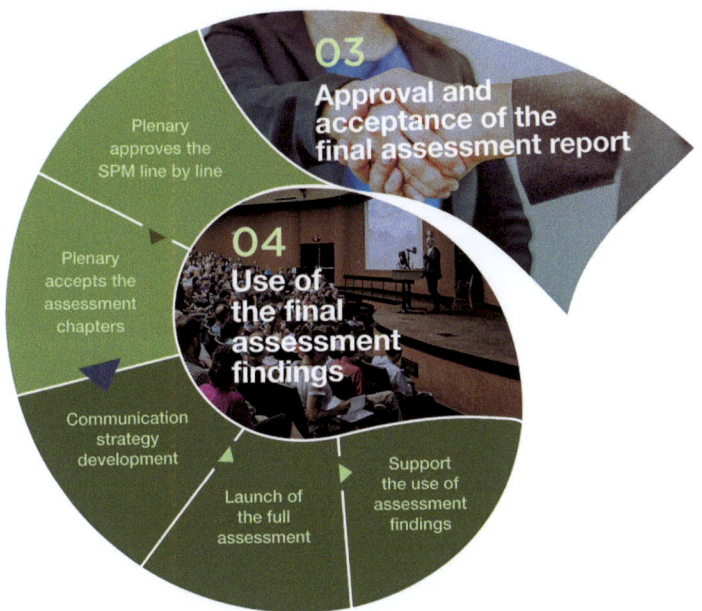

Fig. 3: The Assessment Process: Approval and acceptance of the final assessment report and Use of the final assessment findings (source: https://www.ipbes.net/document-library-categories/assessment-guide)

Figures 1–3 show the development of an assessment, including several drafts which undergo external reviews by governments and experts. Each individual who follows a registration procedure can act as a reviewer for one or more chapters of a given assessment draft and comment on the draft text. The authors team then has to answer on these comments and has e.g. to take up new evidence if provided by a reviewer.

The final step of an assessment is the formulation of a Summary for Policy Makers (SPM) that lists key messages and findings of the assessment (about 30 pages compared to the up to 800 pages of the full assessment report). The clearing procedure of IPBES determines that the full report has to be accepted by the plenary as a whole while the SPM has to be approved word by word. This approval can be a time consuming procedure where co-chairs and lead authors try to answer questions around their findings and messages. The SPM gets translated into all six UN languages.

As a basis for its work IPBES agreed on a conceptual framework (see figure 4), which depicts the relationships between Nature, Nature's Benefits to People and Good Quality of Life, or Biodiversity and Ecosystems, Ecosystem Goods and Services and Human Wellbeing, as well as drivers that influence these systems. This framework is meant as a help to structure the work on assessments which normally include a chapter describing the status quo (nature or ecosystems), the services (or benefits) and the drivers that led to the current situation. Based on models and scenarios the assessments investigate what consequences a business as usual scenario or certain changes in the drivers might have with respect to the ecosystems and the respective services and finally the quality of life. The authors are encouraged to formulate options which should be policy relevant but not policy prescriptive.

The IPBES webpage provides an e-learning tool on the conceptual framework: *https://www.ipbes.net/e-learning*

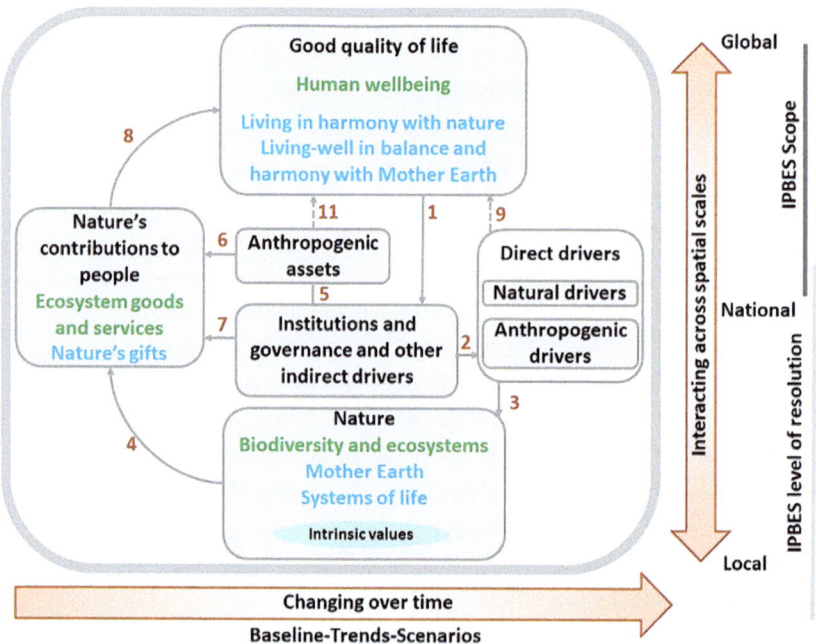

Fig. 4: Conceptual framework(source: https://www.ipbes.net/conceptual-framework)

What has IPBES done so far?

Assessments:

Catalogue of assessments
From the very beginning of its work IPBES was aware that there exist already a multitude of assessments on different biodiversity related topics, including assessments of different scale or investigation depth. In order to not duplicate work that has already been done it was decided that IPBES should assemble a catalogue of existing assessments which gets permanently updated. This catalogue can be found and searched under:

http://catalog.ipbes.net

Guide on the Production of Assessments
To make IPBES assessments a reliable source of information and in order to be able to compare the results of different assessments (e.g. regional assessments on the same topic) they should all follow the same logic and standards. To provide such a baseline IPBES produced a 'Guide on the Production of Assessments' that experts and authors teams can make use of. The guide is seen as a living document which will be updated from time to time. It can be found on the IPBES web page under:

https://www.ipbes.net/guide-production-assessments

Pollinators
After the adoption of the first work programme at IPBES 2 (2013) the first IPBES products could be approved at IPBES 4 (2016). The first thematic assessment of IPBES was on 'Pollinators, Pollination and Food Production' and investigated the status of pollinators, the services through pollination and how much food production relies on pollination by animals. It also names drivers that cause the ongoing loss of pollinators and lists options for action to improve their status. The SPM as well as the full report can be found on the IPBES web page under:

https://www.ipbes.net/assessment-reports/pollinators

Scenarios and Models
Also at IPBES 4 (2016) the first methodological report was approved, which is called 'Scenarios and Models of Biodiversity and Ecosystem Services'. This report inves-

tigates the use of policy tools such as models and scenarios for political decision making and evaluates different valuation methodologies. This report is meant as a tool also for authors of future IPBES assessments on how to use models and scenarios in their reports.

SPM and full report are available under:

https://www.ipbes.net/assessment-reports/scenarios

Land Degradation and Restoration

At IPBES 6 (2018) the plenary was able to approve another thematic assessment which had been requested by the United Nations Convention to Combat Desertification (UNCCD). As the degradation of land is a main driver of desertification and restoration of degraded lands is a possibility to combat desertification IPBES was asked to do an assessment on 'Land Degradation and Restoration' (LDR). The LDR assessment collected knowledge on a global level on how far degradation is already inflicting ecosystems and the services they provide and what the consequences for human wellbeing are. It names the main drivers of degradation and shows option on how to counteract these drivers.

The SPM as well as the full report are available under:

https://www.ipbes.net/assessment-reports/ldr

Regional Assessments on Biodiversity and Ecosystem Services

A major building block of the first IPBES work programme were assessments on biodiversity and ecosystem services, requested by the Convention on Biological Diversity (CBD). It was agreed that first a set of four regional assessments should be developed in parallel and then a global assessment based on these regional assessments should be provided. Therefore, regional assessments on Biodiversity and Ecosystem Services were undertaken in parallel for Europe and Central Asia, for Asia and the Pacific, for the Americas and for Africa. They all were approved at IPBES 6 (2018) and they investigate the status of biodiversity and ecosystems and the services they provide, as well drivers that cause the continuous loss of biodiversity in each of the specific regions. Key messages and options for action are given in each of the four regional assessments. They can be found under:

Europe and Central Asia:

https://www.ipbes.net/assessment-reports/eca

Asia and the Pacific:

https://www.ipbes.net/assessment-reports/asia-pacific

Americas:

https://www.ipbes.net/assessment-reports/americas

Africa:

https://www.ipbes.net/assessment-reports/africa

Global Assessment on Biodiversity and Ecosystem Services
Making use of the findings of the four regional assessments a 'Global Assessment on Biodiversity and Ecosystem Services' was developed and approved by IPBES 7 (2019). It follows the same structure as the regional assessments but integrates the findings and messages on a global level. The SPM and the chapters can be found under:

https://www.ipbes.net/global-assessment-report-biodiversity-ecosystem-services

What is under way and already agreed to undertake?

There are three more assessments agreed upon under the first work programme, which are under preparation (as of mid 2019).

Diverse conceptualization of multiple values of nature and its benefits, including biodiversity and ecosystem functions and services

As different people have different concepts of nature or the benefits nature provides (e.g. the concept of ecosystem services compared to the concept of nature's benefits to people) IPBES 6 decided to start a methodological assessment regarding the 'Diverse Conceptualization of Multiple Values of nature and its benefits, including biodiversity and ecosystem functions and services' for consideration by the Plenary at its ninth session.

Sustainable use of wild species

As unsustainable use is a major driver for the decline of wild species IPBES 6 decided to start a thematic assessment on the 'Sustainable Use of Wild Species' which should be considered at the ninth plenary session.

Invasive alien species

Invasive alien species pose a threat to many local species in different regions of the world. IPBES 7 decided to start a thematic assessment on global level on 'Invasive Alien Species and their Control' for consideration by the Plenary at its tenth meeting.

New assessment topics from the second work programme

At IPBES 7 (May 2019 in Paris) the plenary adopted a new work programme including the following steps:

Starting of the scoping for a thematic assessment of the 'Interlinkages among biodiversity, water, food and health' for consideration by IPBES 8 (scheduled for early 2021). The full assessment should then be considered by IPBES 12.

Starting of the scoping for a thematic assessment of the 'Underlying causes of biodiversity loss and the determinants of transformative change and options for achieving the 2050 Vision for Biodiversity'. The full assessment should then be considered by IPBES 11.

Developing a technical paper on biodiversity and climate change, to be ready for consideration by IPBES 9.

Furthermore, IPBES 7 decided to start after IPBES 8 the scoping for a methodological assessment of the 'Impact and dependence of business on biodiversity and nature's contributions to people' for consideration by IPBES 11.

Capacity Building

Under the capacity building function IPBES has started various initiatives e.g. the fellowship programme which allows young career scientists to work with authors teams in cooperation with senior scientists. Furthermore, IPBES has produced several webinars e.g. on the process of preparing an assessment or on the IPBES conceptual framework or the regional assessments.

The capacity building work of IPBES can be accessed under:
https://www.ipbes.net/deliverables/1a-and-1b-capacity-building

Policy Support Tools

Under the policy support tools function IPBES has listed examples of tools and how they are used by different decision making bodies. These examples can be found under:

https://www.ipbes.net/policy-support-tools-methodologies

Furthermore, to allow for a more targeted search IPBES set up an online catalogue of policy support tools which is accessible under:

https://www.ipbes.net/policy-support

Knowledge generation

Under the knowledge generation function three tasks groups of a task force work on a management system to store the data and indicators used by the IPBES assessments, to establish a web-based infrastructure in support of data and information management needs and on generation of knowledge as such. More information can be found under:

https://www.ipbes.net/deliverables/1d-and-4b-data-and-knowledge

What happens to IPBES products? Examples for uptake

Once IPBES products have been approved by the plenary they are made publicly available. This happens e.g. through media launches, press conferences and the publication on the IPBES web page. National launch events have been organized e.g. for the regional assessments on biodiversity and ecosystem services. At this point the official mandate of IPBES ends. It is other fora that can make use of the IPBES findings, key messages and options for action.

In the case of the IPBES assessment on Pollinators, Pollination and Food Production the scientific sub-body of the Convention on Biological Diversity discussed which parts of the findings would be relevant to the work of the CBD. At the following COP (in the same year as the assessment was approved) the CBD took on board all the key messages of the pollinators assessment and encouraged its 196 Parties to take action to implement them. This was the strongest form of an uptake that the CBD could do. At the same COP meeting in 2016 some countries formed a 'Coalition of the Willing' to promote pollinators (compare https://promotepollinators.org/). In the wake of this rise of political awareness, some countries e.g. Germany, started to develop national pollinator strategies.

It was also the CBD who requested IPBES to do a global assessment on biodiversity and ecosystem services in time to prepare its post-2020 biodiversity framework. Therefore, the IPBES Global Assessment, finalized in 2019, will be a major source of information for the formulation of this new strategic framework under the CBD.

The UNCCD will at its COP meeting in September 2019 deal with taking up the findings of the Land Degradation and Restoration assessment which it had request IPBES to undertake.

Who can take part in IPBES and how?

IPBES sees everyone who is interested in its work as a stakeholder. This includes states, organisations and individual scientists and experts. For each category there are specific forms of participation.

Participation as a State

IPBES is an intergovernmental organisation, therefore only states can become members and each UN state has the right to do so. It just has to contact the secretariat and declare its will to become a member. By signing the founding declaration the membership is then made official. There is no way of denying a UN state the membership, meaning that there is no need to ask the states which are already members if they accept the 'newcomer'.The membership manifests full participation rights in all IPBES forums, including the right to speak and vote in plenary and the right to block a consensus. After becoming a member the state has to name a national focal point, that is an address through which the state can be officially contacted in any IPBES related issues. In many cases the national focal point is based in the ministry for the environment of the respective country.

A list of national focal points of all member states can be found under:
https://www.ipbes.net/national-focal-points

For each plenary session the member state can send a delegation, which can consist of as many people as is considered adequate by the country. Credentials for each delegation member have to be handed in and a head of delegation has to be identified. Each delegation member then has the right to speak in the name of his or her country.

If a country does not want to become a member but wants to follow plenary meetings nevertheless, it can do so as observer (see below), without speaking or voting rights.

Participation as an organisation

Any organisation that has a justified interest in IPBES can apply to be accepted as an observer. This can be states that do not want to become full members, international UN organisations (e.g. UNEP, FAO, UNDP, UNESCO) or other conventions (e.g. the Ramsar convention or UNCCD), international environmental organisations (e.g. Friends of the Earth or WWF), national organisations, scientific entities (e.g. universities or specific departments), civil society organisations and organisations of indigenous peoples and local communities. In order to be accepted, the respective organisation has to inform the secretariat about its whish and has to hand in some basic information about how it is organised, what is its purpose and why it is interested in IPBES specifically. It has to indicate its webpage and to nominate a focal point. This information is checked by the Bureau and the Bureau can recommend to the plenary to accept or not accept the respective organisation as a new observer. The plenary usually follows this recommendation and at the beginning of each plenary session accepts the list of new observers. Once granted, the observer status stays valid for future plenary session. The ruling on how a granted observers status can be taken back again is not yet fully agreed upon, either by the wish of one member state or a certain quorum of member states which want to expel the respective organisation.

Observer status includes the right to follow plenary meetings and the opportunity to speak if no member state wants to speak on the respective topic any more. For decisions of the plenary the consensus of the observers is not needed.

The European Union was granted a so called enhanced participation as observer. This is not a full membership (as the EU as such is not a state but a regional economic organisation) but it gives the EU the right to speak and reply in turn, and to make text proposals, like member states in plenary.

Participation as a scientist or expert

IPBES is a scientific body and therefore the participation of scientists is at the core of IPBES. All the work on content, e.g. the writing of assessments, is done by scientists of different disciplines and holders of other forms of knowledge. For each product of IPBES that the plenary has decided to produce, a call for nominations is issued by the secretariat and states and organisations can nominate candidates for the respective teams of authors. Individual scientists who want to participate in an assessment can hand in their personal application to the national focal point (or a respective national body if this was established), who then forwards the nomination. The Bureau with the help of the MEP then selects from the nominations in order to form a team which is regionally, disciplinary and gender balanced, including holders of indigenous and local knowledge, to fulfil the task at hand, e.g. writing an assessment. Depending on the specific role (e.g. contributing or coordinating author or co-chair) the investment of working time can be quite significant, up to half of the persons working time. This work is not paid for by IPBES, meaning that the institutions for which the individual scientist or expert is working would have to agree to the dedication of such working time for the IPBES task.

Another way of involvement for scientists is to be nominated and accepted as MEP member for one of the five UN regions. A MEP term is three years.

A third way of participation is to become member of a national delegation. Many member countries ask scientific experts to consult their delegations during plenary meetings. The same, of course, is true for observer organisations which can also take into their delegations whom they want.

Stakeholder involvement strategy

IPBES from the very beginning recognised that the member states alone cannot fulfil the tasks of IPBES and that the voluntary dedication of all kind of stakeholders is needed to live up to the ambitious tasks IPBES has set itself. In order to inform and attract stakeholders, including scientists, from all parts of the world, IPBES developed a stakeholder involvement strategy, closely linked with the efforts for capacity building.

There is also an open stakeholder registry, where each interested person or organisation can register and then gets regularly informed about news and developments under IPBES. The registration can be done under:

https://www.ipbes.net/stakeholders

Common misunderstandings: What is IPBES NOT doing?

Since IPBES was first discussed and then formally set up in 2012 there are expectations that IPBES cannot fulfil as they would exceed the actual mandate of IPBES. To avoid common misunderstandings some points should be listed on what IPBES is NOT doing:

- IPBES is not doing research. An IPBES assessments collects existing knowledge from different sources on a certain topic but it does not undertake research by itself. Of course the identification of knowledge gaps by IPBES can guide further in-depth research done by respective institutions.
- IPBES is not a research funding mechanism or institution. As explained above IPBES is not doing research. Nevertheless, international or national research funding organisations can use the knowledge gaps identified by IPBES assessments to focus their funding programmes.
- IPBES does not formulate environmental policies. IPBES assessments contain key messages and provide scenarios on which kind of action would most probably have which consequences and what could be done to reach certain envisaged results. Such options should be relevant for policy making but not prescribe the policies as such. The task to agree on global environmental policies lies with conventions like the CBD, UNCCD or the Ramsar convention. On the national level the responsibility for policies lies with national governments. Of course also non-member states can make use of IPBES findings and options for action.
- IPBES does not implement any measures on the ground. IPBES collects the knowledge and proposes options for actions, but the actions have to be taken by respective actors on the appropriate level from global to local.
- The knowledge collected in IPBES assessments is not restricted on coming from member states only. The authors teams try to collect all knowledge available, published in different languages and gathered all over the world (or a specific region for a regional assessment). Therefore, if a country is not a member to IPBES that does not mean that accessible data and knowledge from that country is not reflected in an assessment.

МПБЭУ

Введение для Заинтересованных сторон

Аксел Паулш

перевод Дарья Геттуева

Авторское право: Институт Биоразнообразия (Institut für Biodiversität - Netzwerk e.V.)
2019 год, Германия
Электронная почта: info@biodiv.de
Интернет: http://www.biodiv.de
Автор: д-р Аксел Паулш
Перевод на русский: Дарья Геттуева
Обложка и дизайн выполнен science-digital, д-р Георг Петер, Германия.
Данная брошюра была разработана в рамках проекта «Развитие потенциала МПБЭУ для Восточной Европы и Центральной Азии», осуществляемого Федеральным ведомством по охране природы Германии (BfN) за счет средств Федерального министерства по делам окружающей среды, охраны природы и безопасности ядерных реакторов Германии (BMU) (код поддержки: 3517801000).
Мнения, выраженные в данной публикации, являются мнениями автора и не обязательно отражают официальную точку зрения BfN.
Напечатано и опубликовано: BoD – Books on Demand
ISBN-9783749499250

Оглавление

Предисловие

Данная брошюра была разработана Германским Институтом Биоразнообразия (Institut für Biodiversität - Netzwerk e.V. - ibn) в рамках проекта по развитию потенциала, осуществляемого Федеральное ведомством по охране природы Германии (BfN) за счет средств Федерального министерства по делам окружающей среды, охраны природы и безопасности ядерных реакторов Германии. Брошюра предоставляет информацию о Межправительственной научно-политической платформе по биоразнообразию и экосистемным услугам (МПБЭУ). Поскольку МПБЭУ является постоянно действующим органом, то любой обзор „продуктов" отражает лишь текущее положение дел. В данной брошюре содержится отчет о положении дел после 7-го пленарного заседания МПБЭУ в середине 2019 года.

МПБЭУ – введение для заинтересованных сторон

Что такое МПБЭУ?

Межправительственная научно-политическая платформа по биоразнообразию и экосистемным услугам (МПБЭУ) –глобальный орган, занимающийся оценкой состояния биоразнообразия и вклада природы в жизнь людей в ответ на запросы от директивных органов. Целью МПБЭУ является укрепление научно-политического взаимодействия в области биоразнообразия и экосистемных услуг в интересах сохранения и устойчивого использования биоразнообразия, долгосрочного благосостояния человека и устойчивого развития. Иными словами, МПБЭУ стремится обеспечить научную основу для принятия более информированных экологических решений на глобальном уровне. МПБЭУ играет ту же роль для глобальных природоохранных соглашений, что и Межправительственная группа экспертов по изменению климата (МГЭИК) для Рамочной Конвенции ООН об изменении климата (РКИК). МПБЭУ является органом, который объединяет государства-члены данной платформы. Тем не менее, МПБЭУ зависит от работы отдельных ученых и экспертов в различных дисциплинах, включая естественные и социальные науки. В докладах МПБЭУ ставит задачу собрать как можно больше информации, полученной из различных систем, таких как научные знания, знания коренных народов и местные знания с учетом региональной специфики, опубликованные на различных языках и в различных источниках, таких как рецензируемая литература или неофициальные публикации.

Рабочим языком МПБЭУ является английский, поэтому доклады публикуются на английском языке и только резюме для директивных органов предоставляются на шести языках ООН. Во время пленарных переговоров обеспечивается синхронный перевод и все решения в последствии переводятся. Веб-страница МПБЭУ ведется на английском языке.

Причины и дата основания МПБЭУ

На Конференции Организации Объединенных Наций по окружающей среде и развитию в Рио-де-Жанейро в 1992 году были приняты три Рио-де-Жанейрские конвенции: Рамочная конвенция ООН об изменении климата (РКИКООН), Конвенция ООН по борьбе с опустыниванием (КБОООН) и Конвенция

ООН о биологическом разнообразии (КБР). РКИКООН с самого начала могла использовать независимый научный вклад Межправительственной группы экспертов по изменению климата (МГЭИК), тогда как для КБОООН и КБР подобного органа в отношении биологического разнообразия и экосистемных услуг не существовало. Научные вспомогательные органы этих конвенций не могут играть той роли, которую МГЭИК играет в отношении РКИКООН. Со временем необходимость создания сопоставимого органа для КБОООН и КБР стала приобретать все более неотложный характер. После обсуждения в рамках совещаний КБР под руководством Франции в 2005 году был создан Международный механизм научной экспертизы по биоразнообразию в качестве форума для разработки более конкретных идей. В 2007 году Программа ООН по окружающей среде (ЮНЕП) представила первую концепцию того, как может выглядеть новый механизм под названием МПБЭУ. В период с 2008 по 2010 год было проведено три многосторонних совещания, на которых правительства, ученые и организации гражданского общества обсудили каким образом может быть сформирована МПБЭУ. Было решено официально учредить МПБЭУ на совещании, состоящем из двух частей: в 2011 году в Найроби (Кения) и в 2012 году в Панаме (Панама). На встрече в Панаме в апреле 2012 года представители 90 стран подписали учредительное заявление о создании МПБЭУ. Основная задача платформы, заключается в сборе имеющихся знаний о биоразнообразии и экосистемных услугах и разработке на их основе понятных вариантов действий для органов власти.

Структура МПБЭУ

Для надлежащего выполнения поставленных задач МПБЭУ требовался согласованный способ организации и распределения работы. Для этого в рамках МПБЭУ было создано несколько органов с разными обязанностями.

Пленум (пленарное заседание)

Пленум –общее собрание стран-членов (132 государства на июль 2019 года), которое является высшим органом МПБЭУ с компетенцией принятия решений. Членом МПБЭУ может стать любое государство ООН, выразив свое желание присоединиться. В случаях голосования члены МПБЭУ обладают как равным правом голоса, так и правом выступления на Пленуме. Решения об утверждении тематических предложений Пленум принимает методом консенсуса. Это означает, что в случае расхождений во мнениях вопрос обсуждается до тех пор, пока не будет найден компромисс против которого больше не выступит ни одно государство-член. Только в процедурных вопросах (например, при выборе между несколькими предложениями о размещении секретариата) предусматривается голосование в случае невозможности достичь консенсуса. Это означает, что достаточно решения двумя третями голосов присутствующих членов МПБЭ.

Обязанности Пленума:

- назначение членов Бюро и МГЭ;
- утверждение программы работы;
- утверждение правил процедуры;
- выделение средств из целевого фонда на выполнение задач;
- утверждение продуктов МПБЭУ до официального опубликования.

Начиная с 2012 г. Пленум МПБЭУ проводится ежегодно. Решение о месте проведения заседаний также принимается Пленумом. Государство может предложить провести совещание, а Пленум может принять предложение. Если предложение не поступит, то пленарное заседание состоится в штаб-квартире секретариата – город Бонн, Германия.

Пленум открыт не только для представителей государств-членов ЕС, но и для зарегистрированных организаций-наблюдателей. Организации могут выступать на Пленуме только в том случае, если ни одно государство-член больше не желает брать слово. Они не имеют права голоса и их консенсус в принятии решений не нужен.

Европейскому Союзу было предоставлено, так называемое обширное участие в качестве наблюдателя. Это членство не является полноправным (поскольку ЕС не государство), но оно дает ЕС право выступать и отвечать, а также вносить предложения по тексту, как это делают государства-члены на пленарном заседании. Консенсус ЕС в принятии решений не нужен.

В ходе пленарных заседаний обеспечивается синхронный перевод переговоров на шести языках ООН, в то время как работа ведется в основном на английской версии текстов. Если необходимы дополнительные рабочие заседания, например вечером (что происходит регулярно), то такие заседания проводятся только на английском языке.

Все решения пленарных заседаний доступны общественности на шести языках ООН:

https://www.ipbes.net/document-library-categories/decisions

Бюро

Бюро ведет заседания Пленума и занимается административными вопросами в рамках МПБЭУ. В него входят 10 человек – по два человека от каждого из пяти регионов ООН (Африка, Азиатско-Тихоокеанский регион, Латинская Америка и Карибский бассейн, Восточная Европа, Западная Европа и другие страны). Каждый регион назначает одного административного сотрудника и одного заместителя председателя. Пленум избирает одного заместителя председателя от каждого региона в качестве председателя МПБЭУ. Председательство меняется между регионами каждые три года. Первым председателем МПБЭУ был Закри Абдул Хамид (Малайзия) от Азиатско-Тихоокеанского региона, вторым председателем – сэр Роберт Ватсон (Соединенное Королевство) от региона Западной Европы и других стран, и третьим – Ана Мария Эрнандес Сальгар (Колумбия) от государств Латинской Америки и Карибского бассейна.

Обязанности Бюро:

- Рассмотрение запросов, касающихся программы работы и продуктов МПБЭУ, которые требуют внимания со стороны МПБЭУ в период между пленарными заседаниями;
- Контроль коммуникационной и информационно-разъяснительной деятельности;
- Обзор хода осуществления решений Пленума по его указанию;
- Мониторинг деятельности секретариата;
- Организация и помощь в проведении пленарных заседаний;
- Обзор соблюдения правил и процедур МПБЭУ;
- Обзор управления ресурсами и соблюдения финансовых правил и представление соответствующей отчетности на пленарном заседании;
- Консультирование Пленума по вопросам координации между МПБЭУ и другими соответствующими учреждениями;
- Определение доноров и разработка механизмов партнерства для осуществления деятельности МПБЭУ.

Бюро проводит регулярные собрания в ходе пленарных заседаний, а также, по мере необходимости, в межсессионный период. Собрания могут проводиться как лично, так и с помощью электронных средств связи.

Более подробную информацию о Бюро и его нынешних членах можно найти по ссылке:

https://www.ipbes.net/bureau

Междисциплинарная группа экспертов (МГЭ)

Междисциплинарная группа экспертов руководит научно-технической работой МПБЭУ и состоит из: пяти экспертов от каждого из пяти регионов ООН, председателя МПБЭУ и четырех заместителей председателя. МГЭ должна быть сбалансирована не только регионально, но и по научным дисциплинам и гендерной проблематике. Каждый регион имеет право назначить пять членов МГЭ, которые затем избираются на пленарном заседании. Состав МГЭ обновляется раз в три года, с возможным переизбранием.

В обязанности МГЭ входит:

- Консультирование Пленума в научных и технических аспектах рабочей программы МПБЭУ;- Предоставление консультаций и помощи по техническим и/или научным вопросам коммуникации;
- Управление процессом экспертного обзора МПБЭУ в целях обеспечения наивысшего уровня качества научной информации, а также независимости и достоверности всех продуктов, предоставляемых МПБЭУ на всех этапах данного процесса;
- Привлечение научного сообщества и других носителей знаний к осуществлению рабочей программы с учетом наличия различных дисциплин и видов знаний, гендерного баланса, а также эффективного вклада и участия экспертов из развивающихся стран;
- Обеспечение научно-технической координации между структурами, созданными в рамках МПБЭУ, и содействие координации между МПБЭУ и другими соответствующими процессами на основе предпринимаемых усилий;
- Изучение путей и средств объединения различных систем знаний в научно-политическое взаимодействие, включая знания коренных народов.

МГЭ регулярно проводит заседания параллельно с Пленумом, а также, по мере необходимости, в межсессионный период. Собрания проводятся как лично, так и с помощью электронных средств связи.

Более подробную информацию о МГЭ и членстве можно найти по ссылке: https://www.ipbes.net/multidisciplinary-expert-panel

Секретариат

Секретариат находится в Бонне и управляет делами МПБЭУ. Он отвечает за организацию, координацию и документацию заседаний МПБЭУ, информирование о результатах деятельности МПБЭУ и в особенности за структурированную реализацию программы работы МПБЭУ.

Секретариат предоставляет официальный адрес МПБЭУ и бюро для повседневной работы в рамках многостороннего соглашения. В ходе процесса голосования на учредительном пленарном заседании в 2012 году было принято решение о том, что секретариат будет находиться в Бонне (Германия). Он находится в ведении ЮНЕП. Данный секретариат возглавляет доктор Энн Ларигодри (Франция), которая является первым и действующим исполнительным секретарем. Она и ее команда отвечают за все логистические аспекты заседаний, таких как: пленарные заседания, заседания МГЭ/Бюро и совещания команд авторов. Они готовят документы для совещаний, документируют обсуждения и занимаются распространением обработанных документов. Секретариат назначает одного из своих сотрудников для каждого продукта МПБЭУ (например, для оценки) или функции МПБЭУ (например, для создания потенциала), который помогает МГЭ, Бюро и командам авторов выполнять соответствующие задачи.

Информацию о том, на кого возложено это задание, можно найти по ссылке:
https://www.ipbes.net/secretariat

Также задачей секретариата является информирование государств-членов и организаций-наблюдателей о действиях и процедурах в рамках МПБЭУ. Например объявление конкурса на выдвижение экспертов или информирование о сроках рассмотрения предварительных проектов оценки и т.д. Кроме того, секретариат отвечает за информирование общественности о продуктах МПБЭУ и поэтому в его штат входит сотрудник по связям с общественностью. Постоянное обновление веб-страницы МПБЭУ также входит в сферу ответственности секретариата. Сотрудники секретариата являются единственными сотрудниками МПБЭУ, чья работа оплачивается из средств целевого фонда. Все другие должности, такие как члены Бюро, МГЭ или авторы оценки не оплачиваются. Это означает, что их рабочее время должно быть предоставлено учреждениями или организациями, на которые работают соответствующие лица.

Целевые группы

Целевые группы – группы экспертов, созданные Пленумом на конкретный срок. Они получают мандат на выполнение определенных задач в определенный период времени. Например, на втором пленарном заседании была создана целевая группа, которой было поручено разработать процедуры по интеграции знаний коренных народов и местных жителей в работу МПБЭУ. После завершения ее мандат был продлен, с целью применения данных процедур на практике. Целевые группы формируются на основе предложений государств-членов и организаций, а также должны быть сбалансированными в региональном и гендерном отношении и возглавляться членами МГЭ.

Группы технической поддержки (ГТП)

В целях содействия работе МПБЭУ, Бюро предложило государствам и организациям предоставить группы технической поддержки (ГТП) для продуктов и функций МПБЭУ. Когда в ходе Пленума было принято решение провести четыре параллельные региональные оценки биоразнообразия и экосистемных услуг, то в каждом из этих регионов одна из стран предложила разместить у себя ГТП. Например Швейцария выступила принимающей стороной ГТП для оценки ситуации в Европе и Центральной Азии, тогда как ЮНЕСКО принимает ГТП по вопросам коренных и местных знаний. Персонал такой ГТП оплачивается принимающей страной или организацией и в его обязанности входит: формирование специального секретариата, организация встреч, предоставление информации и т.д. ГТП ограничены по времени в зависимости от конкретного продукта МПБЭУ для которого они были сформированы.

Стратегическое партнерство

МПБЭУ было признано, что для выполнения данной задачи будет полезно сотрудничать с другими существующими органами, и такое сотрудничество может быть официально закреплено в партнерских соглашениях. Партнерские отношения сотрудничества существуют с четырьмя органами системы ООН, а именно: ЮНЕП, ПРООН, ЮНЕСКО и ФАО. Например, партнерство включает в себя возможность органов ООН направлять персонал для работы в секретариат МПБЭУ (который оплачивается ООН), или принимать у себя группу технической поддержки, как это делает ЮНЕСКО в отношении знаний коренных народов и местных жителей, или же участвовать в выполнении определенной функции МПБЭУ, как ПРООН в создании потенциала. Партнерские отношения также могут быть установлены в форме меморандума о сотрудничестве или соглашения о взаимопонимании с другими многосторонними природоохранными соглашениями (МПС). Такие меморандумы были согласованы с Международным союзом охраны природы (МСОП), Конвенцией по сохранению мигрирующих видов (КМВ), Конвенцией о международной торговле видами дикой фауны и флоры, находящимися под угрозой исчезновения (СИТЕС), Конвенцией о биологическом разнообразии (КБР), Рамсарской Конвенцией и научной организацией «Будущее Земли».

Более подробную информацию можно найти по ссылке:

https://www.ipbes.net/document-library-categories/agreements

Как финансируется МПБЭУ?

Хотя основная часть работы в рамках МПБЭУ не оплачивается самой МПБЭУ, соглашение требует определенных средств, например для проведения совещаний и оплаты путевых расходов, подготовки информационных материалов и оплаты услуг сотрудников секретариата. В связи с этим был учрежден целевой фонд, управление которым осуществляет ЮНЕП. Один из основных принципов МПБЭУ заключается в том, что все взносы в целевой фонд вносятся только на добровольной основе. Это означает, что ни одно государство-член или организация не обязаны платить, нет «членских взносов» или других финансовых обязательств. Этот принцип был установлен для того, чтобы позволить странам стать членами МПБЭУ, даже если они не в состоянии внести финансовый вклад в работу МПБЭУ. С другой стороны, МПБЭУ не имеет фиксированного дохода и полностью зависит от добровольных взносов. Целевой фонд может получать взносы не только от государств, но и от организаций или частного сектора. Во избежание того, чтобы некоторые продукты можно было «купить», взносы не могут быть направлены на определенные цели или продукты или предоставляться при определенных условиях. Только Пленум принимает решение (на основе консенсуса) о том, на какие цели выделяются средства целевого фонда.

Разумеется, МПБЭУ принимает также взносы натурой, например, предложение страны провести у себя пленарное заседание.

На сегодняшний день наибольший вклад внесли развитые страны, и только около 25 из 132 государств-членов внесли какой-либо вклад. Нехватка финансирования является проблемой, которая приводит к тому, что работа по подготовке оценок не может быть начата так, как это первоначально предусматривалось в программе работы.

Основные принципы

В целях управления своей работой МПБЭУ, как и другие межправительственные органы, устанавливает основные принципы, так называемые «Правила процедуры». В них, например, определяются роли различных органов, таких как Пленум, Бюро, МГЭ и т.д. Эти правила также определяют процедуру выборов, процесс проверки продуктов МПБЭУ и процесс допуска наблюдателей. В случае необходимости пленарное заседание имеет право скорректировать настоящие или добавить новые правила процедуры.

Текущую версию этих правил можно найти по ссылке:
https://www.ipbes.net/document-library-categories/policies-and-procedures

Чем на самом деле занимается МПБЭУ?

На учредительном пленарном заседании МПБЭУ было принято решение о том, что работа МПБЭУ должна строиться вокруг четырех основных функций: оценка, создание потенциала, формирование знаний и разработка инструментов и методов проведения политики.

Оценки

Наиболее очевидной функцией МПБЭУ является проведение оценок, в ходе которых обобщаются и анализируются все имеющиеся знания по определенной теме. Оценки не ограничиваются исключительно опубликованными научными знаниями. Они должны включать знания коренных народов и местные знания, которые не могут быть опубликованы в научных журналах. Такие оценки могут иметь различные масштабы, например, региональные или глобальные, и темы могут быть непосредственно связаны с биоразнообразием (например опылители или инвазивные виды), а также носить более методологический характер, например в отношении использования сценариев и моделей при принятии политических решений. Пленум МПБЭУ определяет по каким темам и в какой последовательности проводятся оценки.

Создание потенциала

С самого начала обсуждался вопрос о том, что не все страны имеют одинаковую возможность вносить вклад в работу МПБЭУ. Например потому, что научная инфраструктура, наличие данных и информации, а также возможности использования таких политических инструментов, как модели и сценарии, могут существенно различаться между странами. Поэтому создание потенциала было определено в качестве одной из основных функций МПБЭУ. Важно знать, что МПБЭУ видит свою роль не в финансировании создания потенциала, а в объединении и управлении существующими программами и мероприятиями по созданию потенциала в интересах нуждающихся стран. Была создана группа технической поддержки для создания потенциала.

Генерирование знаний

МПБЭУ осознает тот факт, что научные знания постоянно растут, и, возможно, каждая оценка также выявит пробелы в знаниях по той или иной теме. Такие пробелы в знаниях могут носить общий характер (например, отсутствие знаний об определенных еще не понятых функциях экосистем) или носить более локальный характер (например, отсутствие данных о виде в определенном регионе, тогда как данные об этом виде могут существовать в другом регионе). МПБЭУ не является механизмом прямого финансирования исследований, однако выявление пробелов в знаниях, которые необходимо восполнить для получения ответа на важные вопросы, касающиеся биоразнообразия, экосистемных услуг и благосостояния человека, может привести к финансированию исследований в этой области.

Политические инструменты

Политические инструменты могут быть использованы для поддержки принятия решений на основе знаний и преобразования, например, результатов оценки в политику. Такими инструментами могут быть модели или сценарии демонстрирующие последствия, которые может иметь конкретная политика в среднесрочной или долгосрочной перспективе. Целью МПБЭУ является объяснение пользы таких инструментов и сопутствующих им неопределенностей, а также помощь в разработке новых инструментов.

Программа работы

В первые годы своего существования работа МПБЭУ была основана на рабочей программе, которая началась в 2013 году и продлится до 2019 года. Данная программа была согласована на второй пленарной сессии в конце 2013 года в Анталье и включала ряд результатов, которые должны были быть подготовлены в установленные сроки.

Откуда берутся темы для программы? Каждая организация или каждое государство имеет право запросить МПБЭУ провести работу по определенной темой. Однако, для таких запросов существует ряд критериев. Например необходимо объяснить почему эта тема актуальна в контексте МПБЭУ и имеются ли какие-либо знания, которые можно было бы оценить. Должно быть также ясно, что нет другой оценки, которая бы позволила решить эти вопросы. Предлагать темы имеют право учреждения и организации, но наиболее весомый запрос – от многосторонних природоохранных соглашений, таких как Конвенция о биологическом разнообразии (КБР), КБОООН или Рамсарская конвенция. Например, если 196 государств-членов КБР совместно поддержат просьбу МПБЭУ по такой теме, как глобальный статус биоразнообразия, весьма вероятно, что эта просьба будет рассмотрена на пленарном заседании МПБЭУ, в состав которого входят 132 государства в основном также являющиеся членами КБР.

После получения запроса Бюро и МГЭ проводят предварительную оценку темы, и в случае, когда она отвечает вышеуказанным критериям, она направляется пленарному заседанию для углубленной оценки. При согласии Пленума, формируется рабочая группа для проведения углубленного анализа и подготовки отчета. В таком отчете перечисляются вопросы, которые должны быть детально изучены в ходе оценки, излагаются главы, а также оценка времени и расходов, необходимых для её проведения. Затем пленарное заседание принимает решение о том, начинать ли оценку и когда.

На седьмом пленарном заседании в мае 2019 года государства-члены МПБЭУ приняли решение о второй программе работы и приступили к работе над первыми элементами новой программы. В отличие от первой программы работы, темы на более длительный период времени еще не были определенны, но был согласован так называемую переходящий рабочий план, что означает, что впоследствии будут создаваться запросы в отношении новых тем.

Кто и как разрабатывает оценку?

Сбор имеющихся знаний по определенной оценке, а также написанию отчета, выполняется группой авторов. Группа формируется на основе номинаций государств-членов МПБЭУ и организаций, из которых МГЭ выбирает наиболее подходящих кандидатов. Группы должны быть гендерно и территориально сбалансированы, а также обладать разными областями специализации и научной базой. Для организации работы, команды состоят из сотрудничающих авторов (несколько десятков), нескольких ведущих авторов в каждой главе, ведущих авторов-координаторов и двух сопредседателей, которые контролируют работу всей команды. Сопредседатели и ведущие авторы должны посвящать работе основательную часть рабочего времени и поэтому обязаны согласовать вовлеченность с научно-исследовательским институтом или организацией, в которой они работают. Целевой фонд МПБЭУ оказывает авторам поддержку в организации встреч для стран, подходящих по определенным критериям, но не оплачивает ученым работу по оценке или каким-либо другим продуктам.

На рисунках XYZ представлена разработка оценки, включая несколько черновых проектов, которые проходят внешнюю проверку правительствами и экспертами. При соблюдении процедуры регистрации, каждый может выступать в качестве рецензента одной или нескольких глав конкретной оценки и комментировать текст проекта. Затем авторская группа должна ответить на комментарии и, например, рассмотреть новые доказательства, если они предоставлены рецензентом.

Заключительным этапом оценки является подготовка резюме для директивных органов, в котором перечисляются основные идеи и выводы оценки (около 30 страниц по сравнению с 800 страницами полного отчета об оценке). Процедура клиринга МПБЭУ предусматривает, что полный отчет должен быть принят пленарным заседанием в целом, в то время как резюме для директивных органов утверждается дословно (параграф за параграфом). Этот процесс может отнимать много времени, поскольку сопредседатели и ведущие авторы пытаются ответить на вопросы, связанные с выводами и тезисами. Резюме для директивных органов переводится на все шесть языков ООН.
Веб-страница МПБЭУ:

https://www.ipbes.net/e-learning

В качестве основы для работы МПБЭУ согласовала концептуальную базу (см. рисунок ниже), в которой представлены взаимосвязи между природой, обеспечиваемыми природой благами для людей и высоким качеством жизни или биоразнообразием и экосистемами, экосистемными товарами и услугами и благосостоянием человека, а также факторы, которые влияют на все эти системы. Цель данной основы – структурировать работу по оценке, которая обычно включает главу, описывающую статус-кво (природа или экосистемы), услуги (или выгоды) и факторы, приведшие к текущей ситуации. На основе моделей и сценариев в оценках исследуются последствия, которые при обычном сценарий развития событий (или определенных изменениях) могут произойти в экосистемах и соответствующих услугах, а также в изменении качества жизни. Авторам предлагается сформулировать варианты, которые должны быть актуальными с точки зрения политики, но не предписывающими ее.

Веб-страница МПБЭУ:

https://www.ipbes.net/e-learning

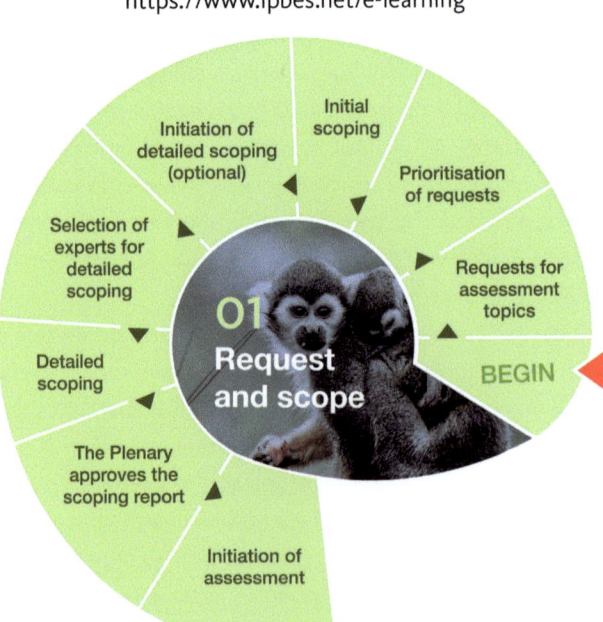

Fig. 1: Запросы и определение сферы охвата (https://www.ipbes.net/document-library-categories/assessment-guide)
НАЧАЛО >>> Запросы о проведении оценок >>> Приоритизация запросов >>> Предварительный анализ >>> Начало развернутого анализа (опционально) >>> Выбор экспертов для детального анализа >>> Детальный анализ >>> Утверждение Пленумом доклада об аналитическом исследовании >>> Начало оценки

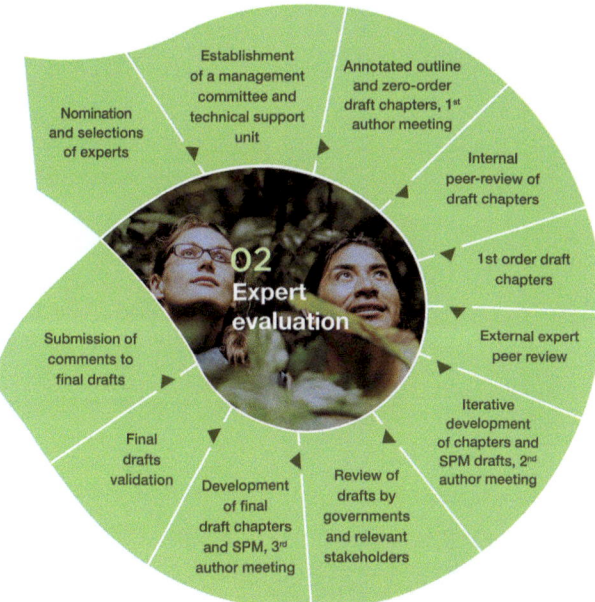

Fig. 2: Номинация и выбор экспертов (https://www.ipbes.net/document-library-categories/assessment-guide)

Создание комитета по управлению и технической поддержке ⟩⟩⟩ Аннотированный план и проекты глав нулевого порядка, 1-е собрание авторов ⟩⟩⟩ Внутренний коллегиальный обзор проектов глав ⟩⟩⟩ Проект глав первого порядка ⟩⟩⟩ Экспертный обзор внешними экспертами ⟩⟩⟩ Итеративная разработка глав и черновиков резюме для директивных органов, 2-е собрание авторов ⟩⟩⟩ Рассмотрение проектов правительством и соответствующими заинтересованными сторонами ⟩⟩⟩ Разработка окончательного проекта глав и резюме для директивных органов, 3-е собрание авторов ⟩⟩⟩ Утверждение окончательных проектов ⟩⟩⟩ Замечания по финальным проектам

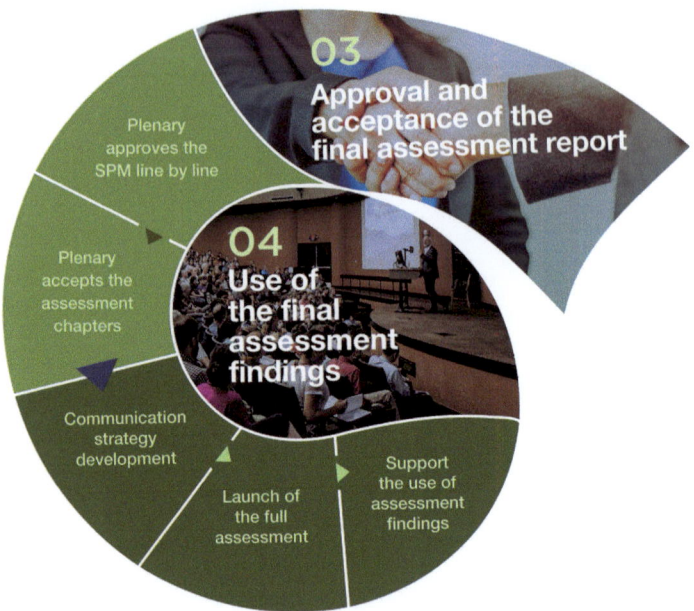

Fig. 3: Утверждение и принятие заключительного доклада об оценке (https://www.ipbes. net/document-library-categories/assessment-guide)

Пленум построчно утверждает резюме для директивных органов >>> Пленарное заседание принимает главы оценки >>> Разработка коммуникационной стратегии >>> Начало проведения полной оценки >>> Поддержка применения результатов оценки

Что было сделано МПБЭУ?

Оценки:

Каталог оценок

С самого начала работы было известно о существовании множества оценок по различным темам, связанным с биоразнообразием, включая оценки разного масштаба или глубины исследования. Во избежание дублирования уже проделанной работы было принято решение о том, что МПБЭУ следует составить каталог существующих оценок, который будет постоянно обновляться.

Каталог можно найти по ссылке:

http://catalog.ipbes.net

Руководство по подготовке оценок

Для того чтобы оценки МПБЭУ были надежным источником информации, а также чтобы иметь возможность сравнить результаты различных оценок (например, региональных оценок по одной и той же теме), все они должны соответствовать одной и той же логике и стандартам. Для обеспечения исходной базы было опубликовано «Руководство по подготовке оценок», которое могут использовать группы экспертов и авторов. Руководство рассматривается как «живой документ», который время от времени обновляется. Его можно найти по ссылке:

https://www.ipbes.net/guide-production-assessments

Опылители

Первые продукты были утверждены на МПБЭУ-4 в 2016 году. Первая тематическая оценка МПБЭУ была посвящена теме «Опылители, опыление и производство продовольствия», в которой изучалось состояние опылителей, услуг посредством опыления и степени зависимости производства продовольствия от опыления животными. В ней перечисляются факторы, которые вызывают постоянную потерю опылителей, а также возможные меры по улучшению их состояния. С резюме для директивных органов, а также с полным текстом доклада можно ознакомиться по ссылке:

https://www.ipbes.net/assessment-reports/pollinators

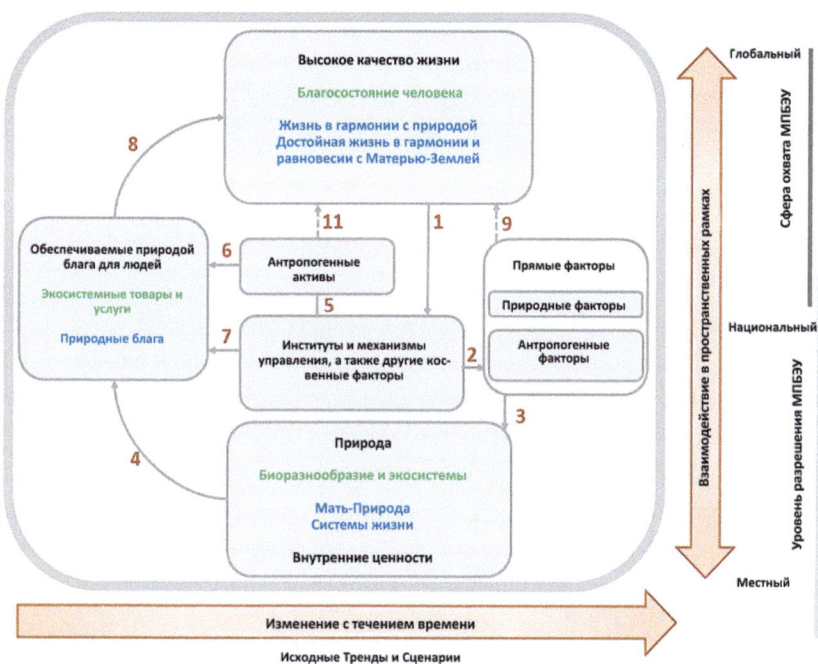

Fig. 4: Концептуальная основа (https://www.ipbes.net/conceptual-framework)

Сценарии и модели

Также на МПБЭУ-4 был утвержден первый методологический отчет «Сценарии и модели биоразнообразия и экосистемных услуг». Данный отчет исследует использование политических инструментов, таких как модели и сценарии для принятия политических решений, и оценивает различные методики оценки. Настоящий отчет предназначен также в качестве инструмента для авторов будущих оценок МПБЭУ и показывает каким образом использовать модели и сценарии в своих отчетах.

С полным текстом отчета и резюме для директивных органов можно ознакомиться по ссылке:

https://www.ipbes.net/assessment-reports/scenarios

Деградация и восстановление земель

На МПБЭУ-6 в 2018 году Пленум утвердил еще одну тематическую оценку, которая была запрошена Конвенцией Организации Объединенных Наций по борьбе с опустыниванием (КБООН). Поскольку деградация земель является одним из основных факторов опустынивания, а восстановление деградировавших земель представляет возможность бороться с опустыниванием, МПБЭУ было предложено провести оценку «Деградации и восстановления земель». В ходе оценки были собраны данные на глобальном уровне о степени воздействия, которое деградация оказывает на экосистемы и предоставляемые ими услуги, а также оценены последствия для благосостояния человека. В оценку входят основные факторы деградации и методы противодействия этим факторам.

С полным текстом доклада можно ознакомиться по ссылке:

https://www.ipbes.net/assessment-reports/ldr

Региональные оценки биоразнообразия и экосистемных услуг

По запросу Конвенции о биологическом разнообразии (КБР), одним из основных структурных элементов первой программы работы МПБЭУ были оценки биоразнообразия и экосистемных услуг. Было решено, что следует параллельно разработать комплекс из четырех региональных оценок, а затем представить глобальную оценку, основанную на них. Поэтому параллельно проводились региональные оценки биоразнообразия и экосистемных услуг для Европы и Центральной Азии, Азии и Тихого океана, Северной и Южной Америки, и Африки. Все они были одобрены на МПБЭУ-6 в 2018 году и сфокусированы на состоянии биоразнообразия и экосистем, предоставляемых ими услугах, а также факторах, наносящих урон биоразнообразию в каждом из конкретных регионов. В каждой из четырех региональных оценок излагаются основные идеи и варианты действий. Их можно найти по ссылкам:

Европа и Центральная Азия:

https://www.ipbes.net/assessment-reports/eca

Азия и Тихий океан:

https://www.ipbes.net/assessment-reports/asia-pacific

Северная и Южная Америка:

https://www.ipbes.net/assessment-reports/americas

Африка:

https://www.ipbes.net/assessment-reports/africa

Глобальная оценка биоразнообразия и экосистемных услуг
«Глобальная оценка биоразнообразия и экосистемных услуг» была разработана и утверждена на основе выводов четырех региональных оценок. Она имеет ту же структуру, что и региональные оценки, но включает в себя выводы и тезисы на глобальном уровне. Резюме для директивных органов и глобальную оценку можно найти по ссылке:

https://www.ipbes.net/global-assessment-report-biodiversity-ecosystem-services

Что происходит и что уже решено предпринять?

Еще три оценки, согласованные в рамках первой программы работы, находятся в стадии подготовки (по состоянию на середину 2019 года).

Представление о многочисленных ценностях природы и ее благах, включая биоразнообразие и экосистемные функции и услуги

Поскольку люди имеют разные концепции природы или благ, которые обеспечивает природа (например, концепция экосистемных услуг по сравнению с концепцией благ природы для людей), на МПБЭУ-6 было принято начать методологическую оценку в отношении «Концептуализации разнообразных ценностей природы и ее благ, включая биоразнообразие и экосистемные функции и услуги», для рассмотрения на девятой сессии пленарного заседания.

Устойчивое пользование диких видов животных

Поскольку неустойчивое пользование является одним из основных факторов сокращения популяций диких видов, на МПБЭУ-6 было принято решение начать тематическую оценку «Устойчивое использование диких видов», которая должна быть рассмотрена на девятом пленарном заседании.

Инвазивные виды

Инвазивные виды представляют угрозу для многих местных видов в различных регионах мира. В ходе МПБЭУ-7 было принято решение начать тематическую оценку на глобальном уровне по теме «Инвазивные виды и борьба с ними» для рассмотрения на пленарном заседании десятого совещания.

Новые темы для оценки из второй программы работы

В ходе МПБЭУ-7 в мае 2019 года была принята новая программа работы, включающая следующие этапы:

Начало определения рамок тематической оценки «Взаимосвязей между биоразнообразием, водными ресурсами, продовольствием и здоровьем» для рассмотрения МПБЭУ-8 (запланировано на начало 2021 года). Возможность проведения полной оценки должна быть рассмотрена МПБЭУ-12.

Начало определения сферы тематической оценки «Коренных причин утраты биоразнообразия и определяющих факторов преобразовательных изменений и вариантов реализации Концепции в области биоразнообразия на период до 2050 года «. Возможность проведения полной оценки должна быть рассмотрена МПБЭУ-11.

Разработка технического документа по биоразнообразию и изменению климата, который будет готов для рассмотрения МПБЭУ-9.

Во время МПБЭУ-7 было принято решение после МПБЭУ-8 начать определение сферы методологической оценки «Оценка воздействия и зависимости предприятий от биоразнообразия и обеспечиваемого природой вклада на благо человека», которая должна быть рассмотрена МПБЭУ-11.

Создание потенциала

Врамках создания потенциала МПБЭУ приступила к осуществлению различных инициатив, например, программы стипендий, которая позволяет молодым ученым работать с авторскими коллективами в сотрудничестве со старшими учеными. Кроме того, МПБЭУ провела несколько вебинаров, посвященных процессу подготовки оценок, концептуальным рамкам МПБЭУ и региональным оценкам.

С работой по созданию потенциала МПБЭУ можно ознакомиться по ссылке:

https://www.ipbes.net/deliverables/1a-and-1b-capacity-building

Инструменты поддержки политики

В рамках функции поддержки политики МПБЭУ приводит примеры инструментов и методов их использования различными директивными органами. Эти примеры можно найти по ссылке:

https://www.ipbes.net/policy-support-tools-methodologies

Для более узкого поиска:

https://www.ipbes.net/policy-support

Генерирование знаний (накопление знаний)

Три целевые группы работают над системой хранения данных и показателей, используемых при проведении оценок МПБЭУ, создания веб-инфраструктуры для поддержки потребностей в управлении данными и информацией и для генерирования знаний как таковых. Более подробную информацию можно найти по ссылке:

https://www.ipbes.net/deliverables/1d-and-4b-data-and-knowledge

Что происходит с продуктами МПБЭУ? Примеры для использования

Продукты МПБЭУ становятся общедоступными после утверждения Пленумом. Например, посредством презентаций в средствах массовой информации, пресс-конференций и публикации на веб-странице МПБЭУ. Были организованы национальные мероприятия, посвященные началу осуществления региональных оценок биоразнообразия и экосистемных услуг. На этом официальный мандат МПБЭУ завершается. Другие форумы могут использовать выводы МПБЭУ, основные идеи и варианты действий.

В случае оценки МПБЭУ «Опылители, опыление и производство продовольствия» научный подраздел Конвенции о биологическом разнообразии установил выводы, которые будут иметь отношение к работе КБР. На следующей Конференции Сторон (в том же году, когда была утверждена оценка) КБР учла все основные идеи оценки опылителей и призвала 196 Сторон Конвенции принять меры по их осуществлению. Это была самая сильная форма внедрения, предпринятая КБР. На том же заседании КС в 2016 году некоторые страны сформировали «Коалицию желающих» для развития опылителей (https://promotepollinators.org/). Вслед за повышением политической осведомленности некоторые страны (например Германия) приступили к разработке национальных стратегий в отношении опылителей.

Именно КБР обратилась к МПБЭУ с просьбой провести глобальную оценку биоразнообразия и экосистемных услуг к моменту подготовки рамочной программы по биоразнообразию на период после 2020 года. Таким образом Глобальная оценка МПБЭУ завершенная в 2019 году станет основным источником информации для формулирования новых стратегических основ в рамках КБР.

На совещании КС в сентябре 2019 года, КБОООН рассмотрит результаты оценки деградации и восстановления земель, которую она поручила провести МПБЭУ.

Кто и как может участвовать в МПБЭУ?

МПБЭУ рассматривает все заинтересованные в ее работе стороны. К ним относятся государства, организации и отдельные ученые и эксперты. Для каждой категории существуют отдельные формы участия.

Участие государства

МПБЭУ является межправительственной организацией, поэтому только государства могут стать ее членами, и каждое государство-член ООН имеет на это право. Оно должно связаться с секретариатом и заявить о своем желании стать членом МПБЭУ. После подписания учредительной декларации членство становится официальным. Способа отказать государству-члену ООН нет, а значит нет необходимости спрашивать государства, которые уже являются членами ООН, согласны ли они принять «новоприбывшего». Членство позволяет полное право на участие во всех форумах МПБЭУ, включая право выступать и голосовать на пленарных заседаниях и право блокировать консенсус. После вступления в члены МПБЭУ государство должно назначить национальный координационный центр, т.е. адрес, через который с государством можно будет официально связаться по любым вопросам, связанным с МПБЭУ. Во многих случаях национальный координационный центр базируется в министерстве охраны окружающей среды соответствующей страны. Список национальных координационных центров всех государств-членов можно найти по ссылке:

https://www.ipbes.net/national-focal-points

На каждое пленарное заседание страна-член может направить делегацию, в состав которой может входить столько человек, сколько страна сочтет необходимым. Должны быть определенны полномочия каждого члена делегации, а также глава делегации. После этого каждый член делегации имеет право выступать от имени своей страны.

Если страна не желает становиться членом, но выражает желание следить за пленарными заседаниями, она может делать это в качестве наблюдателя (см. ниже), не имея права выступать или голосовать.

Участие организаций

Любая организация, имеющая обоснованный интерес к МПБЭУ, может подать заявку в качестве наблюдателя. Это могут быть государства, которые не хотят становиться полноправными членами, международные организации ООН (например ЮНЕП, ФАО, ПРООН, ЮНЕСКО) или другие конвенции (например Рамсарская Конвенция или КБОООН), международные экологические организации (например Друзья Земли или Всемирный Фонд Природы), национальные организации, научные учреждения (например университеты или специальные департаменты), организации гражданского общества, организации коренных народов и местные общины. Для того чтобы быть принятой, соответствующая организация должна проинформировать секретариат о своем желании и предоставить информацию о том, как она организована, каковы ее цели и почему она заинтересована в МПБЭУ. Она должна указать свою веб-страницу и назначить координатора. Предоставленная информация проверяется Бюро, и Бюро может рекомендовать Пленуму принять или не принять соответствующую организацию в качестве нового наблюдателя. Как правило, Пленум следует этой рекомендации и в начале каждой пленарной сессии утверждает список новых наблюдателей. Статус наблюдателя остается в силе в отношении будущих пленарных заседаний. Решение о том, каким образом предоставленный статус наблюдателя может быть отменен, еще не полностью согласовано ни по желанию одного государства-члена, ни по желанию определенного кворума государств-членов, желающих исключить соответствующую организацию.

Статус наблюдателя включает право следить за пленарными заседаниями и возможность выступить, если ни одно государство-член не желает больше выступать по соответствующей теме. Для принятия решений на пленарном заседании консенсус наблюдателей не требуется.

Европейскому Союзу было предоставлено так называемое расширенное участие в качестве наблюдателя. Это не полноправное членство (поскольку ЕС не является государством), но оно дает ЕС право выступать и отвечать по очереди, а также вносить предложения по тексту, как это делают государства-члены на пленарном заседании.

Участие ученых и экспертов

МПБЭУ – научный орган, поэтому участие ученых является основой МПБЭУ. Вся работа над содержанием (например написание оценок) выполняется учеными из различных дисциплин и носителями других форм знаний. Секретариат объявляет конкурс номинаций по каждому продукту МПБЭУ, в то время как государства и организации могут выдвигать кандидатов в состав соответствующих авторских коллективов. Отдельные ученые, желающие принять участие в оценке, могут подать личную заявку в национальный координационный центр или соответствующий национальный орган, если таковой существует. Затем Бюро с помощью МГЭ формирует из числа кандидатов группу, сбалансированную в региональном, дисциплинарном и гендерном аспектах, включая носителей знаний коренных народов и местных жителей. В зависимости от конкретной роли объем работы может быть довольно значительным, вплоть до половины рабочего времени. МПБЭУ не оплачивает эту работу. Поэтому учреждения, в которых работает ученый или эксперт, должны согласиться с выделением требуемого рабочего времени для выполнения задач МПБЭУ.

Другой способ привлечения ученых – выдвижение и принятие в члены МГЭ от одного из пяти регионов ООН. В таком случае срок полномочий составляет три года.

Третий способ участия – стать членом национальной делегации. Многие страны-члены заручаются поддержкой научных экспертов для консультации делегаций в ходе пленарных заседаний. То же самое касается организаций-наблюдателей, которые могут принимать экспертов и ученых в свои делегации.

Стратегия вовлечения заинтересованных сторон

Государства-члены не могут в одиночку выполнять задачи МПБЭУ, поэтому для выполнения поставленных перед МПБЭУ задач необходима добровольная вовлеченность всех видов заинтересованных сторон. В целях информирования и привлечения заинтересованных сторон, включая ученых со всего мира, МПБЭУ разработала стратегию вовлечения заинтересованных сторон, тесно связанную с действиями по созданию потенциала.

Существует также открытый реестр заинтересованных сторон, в котором может зарегистрироваться каждое заинтересованное лицо или организация, чтобы регулярно получать информацию о новостях и событиях в рамках МПБЭУ. Регистрация по адресу: https://www.ipbes.net/stakeholders

Распространенные заблуждения: Чем МПБЭУ НЕ занимается?

МПБЭУ была официально учреждена в 2012 году и не может выполнить возложенные на нее задачи, которые выходят за рамки мандата. Во избежание распространенных недоразумений следует перечислить некоторые моменты, касающиеся того, что находится за рамками ответственности МПБЭУ:

- МПБЭУ не проводит исследований. Оценки МПБЭУ собирают имеющиеся знания по определенной теме из различных источников, но не являются исследовательской деятельностью как таковой. Разумеется выявление пробелов в знаниях может служить руководством для дальнейших углубленных исследований, проводимых соответствующими учреждениями.

- МПБЭУ не является механизмом или учреждением финансирующим исследования. Как пояснялось выше, МПБЭУ не проводит исследований. Тем не менее, международные или национальные организации финансирующие исследования могут использовать пробелы в знаниях, выявленные в ходе оценок МПБЭУ, для дальнейшего финансирования исследований.

- МПБЭУ не занимается предписанием экологической политики. Оценки МПБЭУ содержат ключевые идеи и сценарии, в которых указаны какие действия будут иметь последствия и что можно сделать для достижения определенных результатов. Такие варианты должны быть актуальными для разработки политики, но не предписывать ее как таковую. Задача согласования глобальной экологической политики лежит на таких конвенциях, как КБР, КБОООН и Рамсарская Конвенция. На национальном уровне ответственность за политику лежит на национальных правительствах. Государства не являющиеся членами МПБЭУ также могут использовать выводы и предложенные варианты решений.

- МПБЭУ не осуществляет мер на местах. МПБЭУ собирает знания и предлагает варианты решений, но действия должны предприниматься соответствующими субъектами на соответствующем уровне – от глобального до местного.

- Знания, собранные в ходе оценок МПБЭУ, не ограничиваются лишь информацией, полученной от государств-членов. Авторы стараются собрать имеющиеся знания по всему миру (или конкретному региону для региональной оценки) и опубликовать их на разных языках. Если страна не является членом МПБЭУ, это не означает, что доступные данные и знания из этой страны не отражаются в оценке.